글, 콘티 **이주영**

스무살부터 주식투자를 시작해서 20년 넘게 투자 일을 하고 있다. 주식에 관한 여러 권의 책을 출간했다. 경제와 투자에 관한 교육이 자본주의 사회를 살아가는 사람들에게 큰 힘이 될 거라 생각하고 경제교육에 힘쓰고 있다. 돈또니와 아띠는 아이들이 경제와 투자에 대해 재미있고 쉽게 받아들일 수 있게 쓴 책이다. 현재 유튜브 채널 "슈퍼개미 이주영"을 운영 중이다.

유튜브 채널 "돈또니와 아띠"는 아이들을 위한 경제교육 채널입니다.
"돈또니와 아띠" 로 놀러 오세요!

엄마아빠께....

엄마아빠와 처음 시작하는 돈 공부

우리 아이 돈 공부는 어떻게 시작해야 할까요? 사실 우리 아이에게는 돈 공부보다 중요한 공부가 많습니다. 국어, 영어, 수학, 피아노, 바이올린, 태권도, 축구 외에 예절과 사회생활 그리고 친구 관계까지… 한명의 아이를 키우기 위해서는 한 마을이 필요하다는 말에 부모라면 누구나 고개를 끄덕이게 됩니다.

하지만 어른인 우리에게 인생에서 가장 큰 어려움이 무엇인지 묻는다면 그것은 국어도 영어도 수학도 아니고, 피아노도 축구도 아닙니다. 바로 '돈' 문제죠. 돈 문제는 어른인 우리에게도 큰 짐이며 고통입니다. 그래서 어쩌면 사랑하는 우리 아이는 최대한 돈에 대한 고민과 생각을 나중에 했으면 할지 모릅니다. 아마 저도 투자 일을 하지 않았다면 최대한 늦게 돈에 대해서 가르치고 싶었을 것입니다. 일단 '돈'이라는 문제를 생각하면 어른도 골치가 아프기 때문입니다.

하지만 이런 생각을 해보진 않으셨을까요? '어릴 때부터 누군가 돈에 대해서 가르쳐 줬다면 내 인생은 달라졌을 텐데…' 이러한 생각이 출발점이 되어 이 책을 만들기 시작했습니다. 우리 아이들이 어렸을 때부터 돈에 대해서 어렴풋이라도 알게 된다면, 아니 엄마아빠와 제대로 이야기를 나누어 보기만 하더라도 앞으로 살아갈 세상이 분명히 달라질 거라 생각했습니다.

돈에 대한 공부에 '정답은 없다'고 생각합니다. 돈은 늘 바뀌기 때문입니다. 하지만 어린 시절 엄마아빠 그리고 돈또니, 아띠와 함께한 돈에 대한 이야기는 어떤 의미로든 아이가 자본주의 사회를 살아갈 때 큰 영양분이자 밑바탕이 될 거라 생각합니다.

사랑하는 자녀가 돈또니, 아띠와 함께 즐겁고 의미 있는 돈여행을 시작했으면 하는 바람입니다.

등장인물

돈또니

신비로운 전설 속 풍요로운 돈나라에서 여행을 떠나온 돈또니. 어느 날 대한민국이 너무 좋아서 한국돈 '원'이 되기로 했다.
돈또니는 어린이 친구들에게 작은 돈이 큰돈이 되는 방법을 알려 주고 싶어 한다.
돈또니는 밝고 똑똑하며 손재주가 좋다.

아띠

돈또니의 친구, 작은 씨앗(Seed).
명랑하고 호기심이 많다.
돈또니와 함께 쑥쑥 자라
큰 나무가 되고 싶다.

*씨드(Seed): 재테크 할 때 기초가 되는 종잣돈

달슨

미국에서 온 친구.
호기심이 많고 운동을 좋아한다.
힘이 세고 자신감이 넘친다.

유리아

유럽에서 온 친구.
미술과 음악을 잘하고 좋아한다.
섬세하고 우아한 매력이 있다.

위홍

중국에서 온 친구.
호탕하고 밝은 성격이다.
요리를 좋아해서 음식을 잘한다.
특히 친구들에게 맛있는 음식을
해주는 것을 좋아한다.

교환과 진로

2권은 교환과 진로교육에 관한 내용입니다. 교환과 진로는 연관성이 없을 것 같지만 그렇지 않습니다. 물건과 돈을 교환하듯이 우리 모두는 일하는 시간과 돈을 교환합니다. 따라서 아이들에게 교환원리에 대해 설명할 때 진로에 대해 자연스럽게 이야기할 수 있습니다. 돈과 시간 그리고 교환의 개념을 이야기하면서 자연스럽게 진로와 연결하면 아이들이 돈을 왜 아껴써야 하고 소중히 여겨야 하는지, 앞으로 어떤 일을 하면서 시간과 돈을 바꿀 수 있는지 함께 생각해보는 소중한 시간이 될 것 같습니다.

먼저 아이들이 돈의 사회적인 가치에 대해 이해하도록 도와줍니다. 돈은 원래부터 소중한 것이 아니라 '인간의 편리를 위해서 만들어진 상품'이라는 점, 따라서 시장에서 물건을 사는 것은 상품과 상품의 교환이라는 점을 이해하게 합니다.

다음으로 돈과 시간의 교환 개념도 이해시킵니다. 자본주의 사회에서는 마치 상품끼리의 교환처럼 추상적인 개념인 시간이 구체적인 대상인 돈으로 보상된다는 점을 이해시킵니다. 그리고 아이와 앞으로 어른이 되면 어떤 일을 하며 시간을 보내고 돈과 바꿀 것인지 이야기하면서 자연스럽게 직업과 진로에 대한 이야기를 나누면 좋겠습니다. 2권을 통해 자연스럽게 돈과 시간의 가치에 대한 이야기를 나누며 아이와 인생의 중요한 진로 이야기까지 자연스럽게 나누는 기회가 되기를 기대합니다.

자연에서 태어난 아띠

· 변하지 않는 아띠 ·

아띠의 얼굴은 쉽게 바뀌지 않아.
사람이 마음대로 만든 게 아니라
자연에서 태어났기 때문이지!

그래서 천 년이 넘는 시간 동안

변하지 않는 모습을 하고 있어!

사람이 만든 돈또니

돈또니는 사람들의 편리를 위해서
만들어진 물건이야!
그래서 우리는 돈또니를 통해
많은 일을 할 수 있단다.

가이드

만들어진 상품 '돈' 돈또니와 자연에서 태어난 아띠를 비교합니다. 돈은 원래부터 있던 것이 아니라 사람이 만든 물건 즉, 상품이라는 점을 이해시킵니다.

돈또니는 우리가 편리하게 쓰기 위해서 계속 변해왔어.

지금도 우리를 위해 조금씩 변하고 있어!

돈또니의 진짜 모습을 알 수 있겠어?

• 누가 누가 진짜 돈또니 일까? •

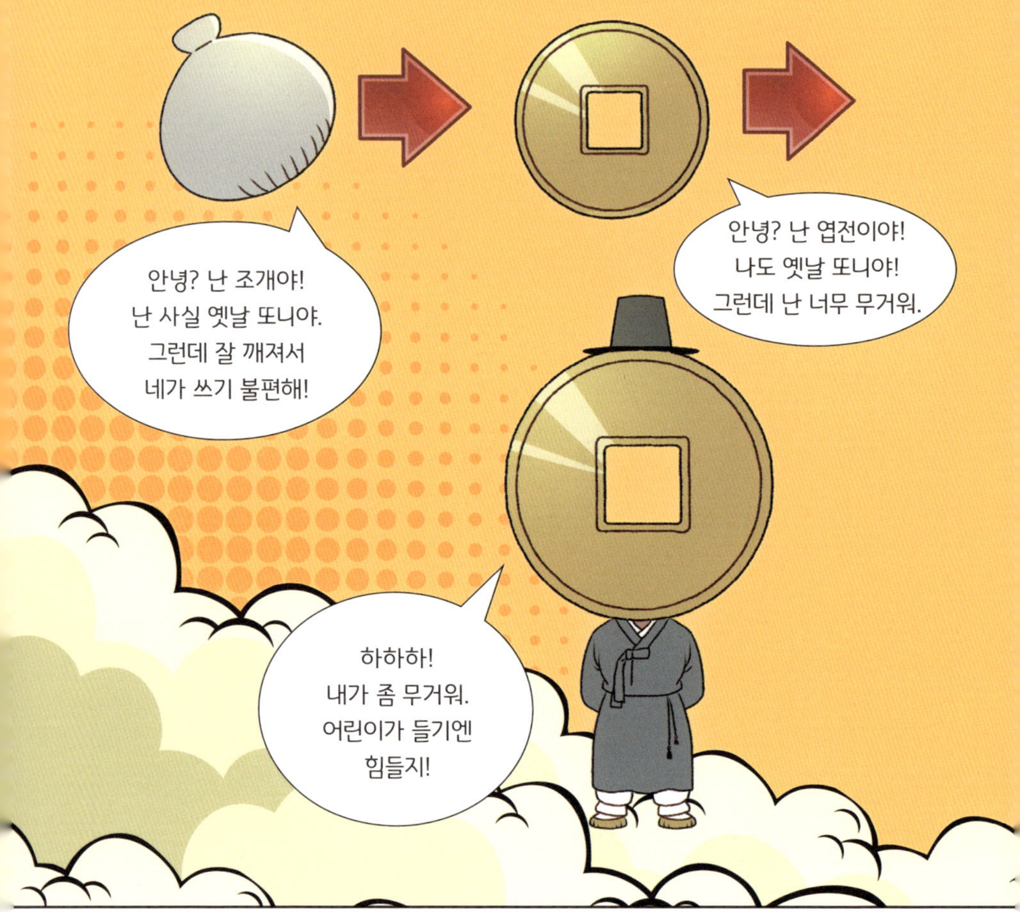

안녕? 난 조개야!
난 사실 옛날 또니야.
그런데 잘 깨져서
네가 쓰기 불편해!

안녕? 난 엽전이야!
나도 옛날 또니야!
그런데 난 너무 무거워.

하하하!
내가 좀 무거워.
어린이가 들기엔
힘들지!

가이드

돈은 사람의 편의를 위해 만들어진 물건일 뿐이며 시대에 따라 언제든지 변할 수 있다는 점을 이야기 합니다.

가이드

돈의 편리성에 대해서 이야기를 나누어 봅니다. 그리고 돈이 없다면 어떤 불편함이 있을지도 이야기해 봅니다.

또니로 무엇을 할 수 있을까요?

1. 갖고 싶은 물건을

    또니로 바꿀 수 있어요! [교환]

2. 다양한 물건의 가치를

    가격이라는 숫자로 쉽게 바로 알 수 있어요! [비교]

3. 지금 사용하지 않고 다음에 쓸 수 있어요!

    그리고 모아둘 수도 있어요! [저축]

돈또니가 있어서 정말 편리해!

가이드

자본주의 사회에서 분업을 통해 생산성과 전문성이 높아지는 원리에 대해 설명해 줍니다. (분업 : 생산 과정에서 여러 사람이 일을 나누어서 하는 것. 분업을 하게 되면 혼자서 모든 것을 하는 것보다 훨씬 빠르고 효과적으로 일을 할 수 있다.)

응? 20개나? 너무 많아.
다 못 먹고 상해 버릴 거야!
난 빵 3개만 있으면 되는데…
어떡하지?

물건 대신 돈을 주고 받으면
훨씬 편하지 않겠어?

신발을 엄청 많이
줘야 할 것 같은데….

가이드

만약 돈이라는 상품이 없다면 물물교환이 얼마나 불편할지 생각해 보도록 합니다.
그리고 돈이라는 상품이 필요한 이유와 효율성에 대해서 이야기를 나누어 봅니다.

원하는 물건을 쉽게 바꿀 수 있어

물건 가격을 비교해 봐!
어른들이 돈또니로
물건을 어떻게 바꾸는지 알겠지?

가이드

숫자로 표현된 돈을 통해 각자 서로가 만든 물건을 간편하게 교환하는 원리에 대해 이야기를 나눕니다.

모든 물건에는 가격이 있어!
네가 갖고 싶은 물건의 가격이
얼마인지 알아볼까?

평생 함께 할 친구 돈또니

> 하하! 할아버지가 되어버렸네? 시간은 참 빨리 가~

> 우린 이렇게 나이가 들어 할아버지가 될 때까지 함께하게 될 거야!

> 너랑 함께 할 시간이 기대돼!

가이드

자본주의 사회에서 분업으로 인한 풍요를 누리기 위해서 인간은 돈과 뗄 수 없는 관계를 맺게 되었으며, 돈은 평생 벌고 사용해야 한다는 점을 이해시킵니다.

지금 너에게 필요한 돈은 얼마야?

네가 필요한 물건을 사기 위해서는 얼마가 필요하지?

지금은 적은 돈이 필요하지만,

어른이 될수록 더 많은 돈이 필요하게 될 거야!

돈이 소중한 진짜 이유

어른들은 소중한 시간을 주고 돈을 받는 거야.

엄마아빠도 마찬가지야.

너와 함께 놀고 싶지만 돈을 벌기 위해 오늘도 일하러 나가시는 거야!

돈이 없으면

네가 먹고 싶은 것, 갖고 싶은 것을

해줄 수 없으니까…

가이드

자본주의 사회에서의 돈과 시간의 교환 개념을 이해시킵니다.

어른들은 힘들게 일한 시간을
'돈'으로 바꿔!
그래서 모두가 돈을
소중하게 대하는 거야!

가이드

돈이 소중한 진짜 이유는 어른들이 일하는 시간을 돈과 교환하기 때문이라는 점을 이해시킵니다. 진짜 소중한 것은 돈이라는 상품이 아니라 그 돈을 얻기 위한 시간과 노력이라는 관점에서 접근해 보세요.

 **가이드**

돈을 낭비하면 단순히 물건을 낭비하는 것이 아니라 엄마아빠가 일한 소중한 시간을 낭비하는 것과 마찬가지라는 점을 이해시킵니다.

모두의 소중한 시간을 돈으로 바꾸는 거야!

 **가이드**

"어른이 되면 어떤 일을 하면서 너의 시간을 돈과 바꾸고 싶니?" 라는 질문을 바탕으로 자연스럽게 진로에 대해서 이야기를 나누어 봅시다.

일하는 시간이 행복해지려면
어떤 일을 해야 할까?
넌 어떤 일을 하는 어른이 되고 싶니?

음… 갑자기 그렇게 물어보니 당황스러워!

난 어떤 나무가 될까?

가이드

아이와 함께 좋아하는 일, 잘하는 일에 대해서 이야기를 나눈 후 적성과 진로에 대한 이야기를 나누어 봅니다.

넌 언제 웃음이 나?

넌 언제 기뻐?

넌 언제 즐거워?

넌 어떤 일을 하고 싶니?

그래서 어떤 어른이 되고 싶니?

 **가이드**

어른이 되면 어떤 일을 하고 소중한 시간과 돈을 교환할지 생각하면서 진로와 직업에 대한 이야기를 나누어 봅니다.

> 만약 네가 일하는 시간이
> 불행하다면
> 늘 나를 미워하고 원망할 거야!

 **가이드**

자기가 좋아하고 잘하는 일을 하면서 시간을 보내는 것이 인생의 행복에 있어 매우 중요한 요소이지 않을까요? 행복하게 살기 위해서는 좋아하고 잘하는 일을 직업으로 만들기 위해 노력해야 한다는 이야기를 해보면 좋겠습니다. 좋아하는 일에 대해 이야기하면서 자연스럽게 진로와 연결시켜 주세요.

네가 어른이 되면 어떤 일을 할 때 행복할까?

어떻게 하면 행복한 어른이 될 수 있을까?

내일은 뭐하고 놀까?

다음 시간엔 더 신나게 놀자!

2권 워크북

교환과 진로

자연과 사람이 만든 것을 구별해 볼까요?

다음 중 자연에서 만들어진 것과 사람이 만든 것을 구별해 보자!

자연에서 만들어진 것	사람이 만든 것

자연에서 태어난 씨앗의 종류를 알아볼까요?

난 자연에서 태어났기 때문에 변하기 않아!

 천 년 전 씨앗
 오백 년 전 씨앗
 백 년 전 씨앗
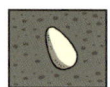 십 년 전 씨앗

씨앗의 종류를 알아볼까요?

커피 옥수수 비트
카카오 밀 귀리
완두콩 메밀 해바라기

사람이 만든 돈의 모습과 종류를 알아볼까요?

난 널 위해서 만들어졌어! 그래서 나는 자주 변해~

조개 — 천 년 전 돈
엽전 — 오백 년 전 돈
골드바 — 백 년 전 돈
지폐 — 현재의 돈

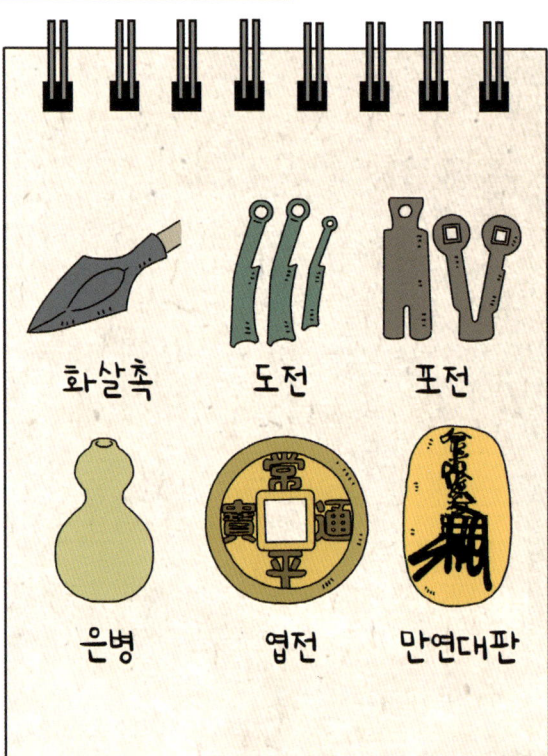

화살촉 도전 포전
은병 엽전 만연대판

종이돈에 대해 알아볼까요?

우리나라의 종이돈에는 어떤 그림이 그려져 있을까?

종이돈을 잘 살펴보고 위인의 이름을 찾아보자!

이름

지폐	1,000원	5,000원	10,000원	50,000원
앞면 인물				
뒷면 그림	계상정거도	초충도	1. 혼천의 2. 광학 천체 망원경	1. 월매도 2. 풍죽도

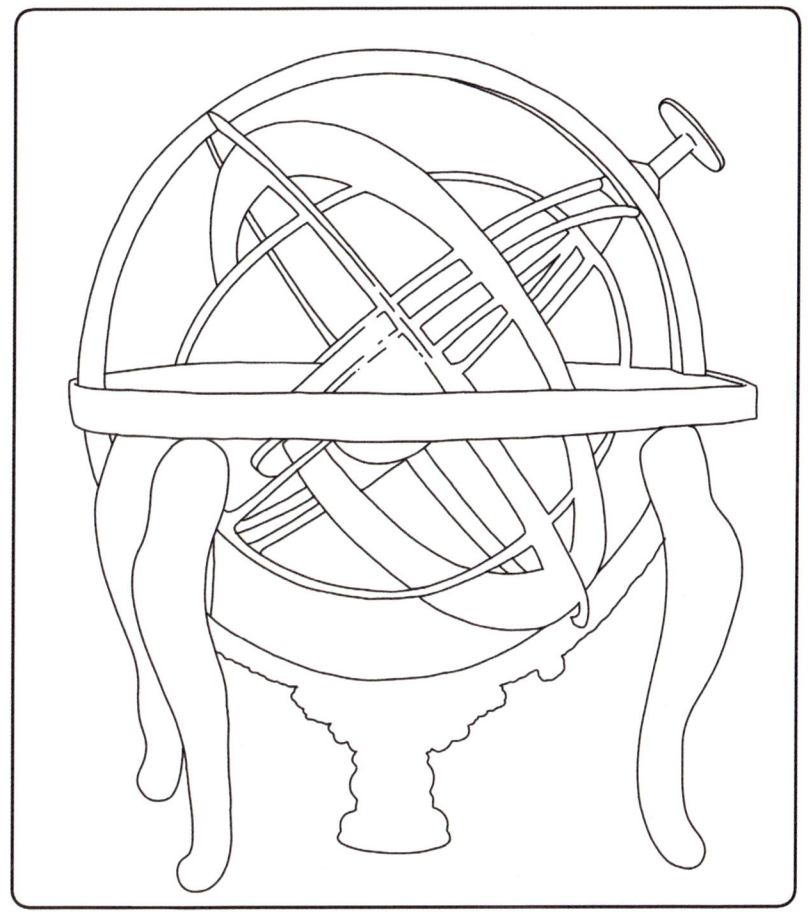

종이돈의 숨겨진 비밀을 알아볼까요?

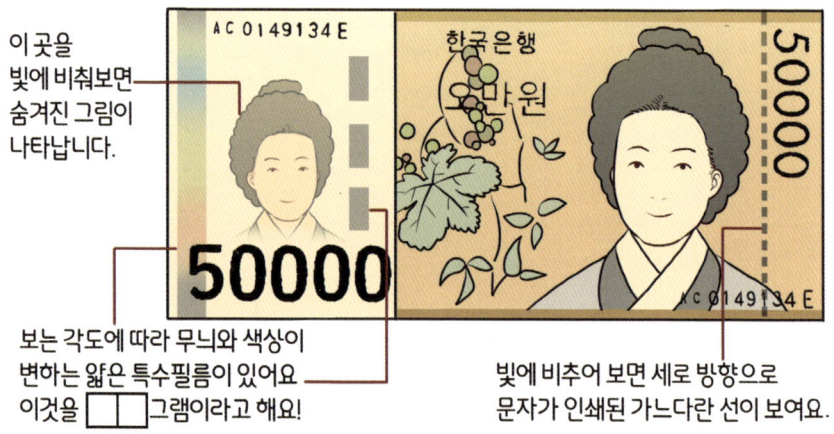

이 곳을 빛에 비춰보면 숨겨진 그림이 나타납니다.

보는 각도에 따라 무늬와 색상이 변하는 얇은 특수필름이 있어요 이것을 ☐☐ 그램이라고 해요!

빛에 비추어 보면 세로 방향으로 문자가 인쇄된 가느다란 선이 보여요.

점자

지폐	1,000원(천원)	5,000원(오천원)	10,000원(만원)
• 갯수	___개	___개	___개
설명	점자는 볼록하게 인쇄되어 손가락 촉감으로 읽을 수 있도록 만든 글자를 말합니다 (● 천원권)(●● 오천원권)(●●● 만원권)		

다음 중
돈을 만드는 곳은
어딜까?

   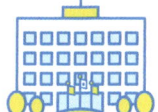      

1. 은행   2. 정부   3. 국회   4. 한국조폐공사

돈마다 고유번호가 달라요.
가지고 있는 돈의 일련번호를
적어볼까요?

● **오만원**   일련번호 _____

● **만원**   일련번호 _____

● **천원**   일련번호 _____

다양한 직업들을 알아볼까요?

직업의 이름을 적어봅시다!

나를 소개합니다!

너에 대해 곰곰이 생각해보고 자기소개서를 작성해봐!

내가 좋아하는 것은?	내가 잘하는 것은?	나의 별명은?

내가 좋아하는 책은?	내가 좋아하는 음식은?	내가 좋아하는 장소는?

내가 아끼는 것은?	내가 좋아하는 과목은?	나를 한 줄로 표현하면?

앞의 내용을 바탕으로 자기 소개를 써보자!

지금 내가 하고 싶은 것은?

평소의 감정을 잘 생각해보고 질문에 답해줘!

| 내가 배우고 싶은 것은? | 내가 가보고 싶은 곳은? | 내가 가지고 싶은 것은? |

| 내가 만들어 보고 싶은 것은? | 내가 좋아하는 음악은? | 내가 만나보고 싶은 사람은? |

| 내가 듣고싶은 말은? | 내가 먹고싶은 음식은? | 내가 되고 싶은 직업은? |

나의 성격 유형을 알아볼까요?

MBTI (엠비티아이)라는 성격 유형 테스트야~ 함께 나의 성격을 알아보자!

외향
- 말로 표현
- 열정적이고 활발함
- 다수의 친구와 폭넓은 관계
- 생각보다 행동 먼저

내향
- 글로 표현
- 조용하고 차분함
- 소수의 친구와 깊은 관계
- 행동보다 생각 먼저

감각
- 사실적이고 구체적
- 실제의 경험을 중시
- 전통을 중시
- 현재와 과거를 중요시함

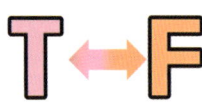

직관
- 상상력이 풍부하고 추상적
- 아이디어가 많음
- 변화를 좋아하고 독창적
- 미래와 가능성을 중요시함

사고
- 원리, 원칙적인 성격
- 논리적, 분석적
- 객관성과 공정함을 중시
- 문제 해결을 좋아함

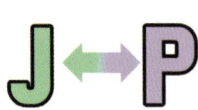

감정
- 주관적 의미, 가치를 중요시함
- 허용적, 우호적
- 공감과 칭찬을 중시
- 조화로운 관계를 좋아함

판단
- 정리정돈과 계획을 좋아함
- 분명한 목적의식과 방향이 있음
- 통제된 계획적인 삶을 삼
- 일을 체계적으로 진행함

인식
- 융통성이 있고 자발적인 성격
- 목적과 방향의 유연성
- 상황에따라 적응함
- 뜻밖의 일을 즐김

나의 성격유형은?

나는_____

나는_____

나는_____

나는_____

나는_____ 잘 어울릴 것 같다.

나는 어떤 지능이 뛰어날까요?

여러분은 어떤 지능이 뛰어난 지 생각해보고
빈칸에 체크V를 해볼까요?

언어지능- 언어를 이해하고 말과 글을 사용하여 효과적으로 표현하는 능력.
시인, 소설가, 변호사 등

O	X

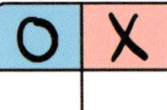

O	X

논리, 수학 지능- 숫자나 규칙등을 잘 익히고 추론을 잘하며 문제를 체계적으로 해결하는 능력.
수학자, 과학자 등

$E=mc^2$ $F=ma$

공간지능- 도형, 그림., 지도, 입체 등의 공간을 이해하고 그림등으로 설명하는 능력. 건축가, 화가, 디자이너, 파일럿 등

O	X

O	X

음악 지능- 음악의 리듬, 멜로디, 음색 등을 이해하고 연주하거나 표현하는 능력. 작곡가, 성악가 등

인간친화 지능- 다른 사람의 기분이나 바람을 잘 이해하고 타인과 상호작용을 잘하여 배려와 공감하는 능력.
정치가, 사업가, 교사 등

O	X

O	X

자연친화 지능- 식물이나 동물 또는 자연환경에 관심을 가지고 자연과 상호작용 하는 능력.
동식물학자, 환경보호가 등

내가 닮고 싶은 인물이 있나요?

네가 미래에 희망하는 직업에서 성공을 이룬 닮고 싶은 사람이 있니?

1. 그 사람의 이름은?

2. 그 사람의 직업은?

3. 그 사람처럼 되고 싶은 이유는?

4. 그 사람을 잘 표현할 수 있는 말은?

5. 그 사람처럼 되기 위해서 어떤 노력이 필요할까요?

이름	좋아하는 이유

내가 생각하는 좋은 직업은?

좋은 직업의 기준은 무엇일까?

자신의 생각을 정하고 의견을 적어보자!

1. 돈을 많이 벌어야 한다 (O / X)
2. 오랜 기간 동안 일할 수 있어야 한다 (O / X)
3. 다른 사람들에게 존경받아야 한다 (O / X)
4. 즐겁고 재밌어야 한다 (O / X)
5. 보람을 느낄 수 있어야 한다 (O / X)
6. 정신적 스트레스를 적게 받아야 한다 (O / X)
7. 육체적으로 덜 힘들어야 한다 (O / X)

* 결론-

내가 생각하는 멋진 직업을 적어볼까요?

하루 일과를 적어 보아요

● 오늘 일과에서 가장 신나는 시간은 언제인가요?

....

....

● 오늘 몇 시간을 잤어요?

....

....

● 오늘 공부하고 숙제한 시간은 언제인가요?

....

....

하루 일과에 대한 나의 느낌은?

앞에 작성한 일과표를 꼼꼼히 살펴보고 자신의 생각을 정리해보자구~

하루 일과 중에서 가장 행복한 시간은?	
활동내용	
행복한 이유	

하루 일과 중에서 가장 힘든 시간은?	
활동내용	
힘든이유	

20년 뒤의 나에게 쓰는 편지

20년 뒤 너는 어떤 모습일까?
미래의 나에게 편지를 써보자!

초판 1쇄 2025년 3월 3일

글, 콘티 이주영
제작 돈또니경제교육
펴낸이 이주영
펴낸곳 돈또니
출판등록 제 373-2023-000012호
주소 울산광역시 울주군 범서읍 대리로 105 이림빌딩 5층
이메일 koko0614@hanmail.net
유튜브 돈또니와 아띠

ISBN 979-11-991070-38

돈또니경제교육 Corp All Rights Reserved.
책값은 뒤표지에 있습니다.
이 책은 저작권법에 따라 보호받는 저작물이므로 무단복제를 금지하며
이 책 내용을 이용하려면 저작권자와 돈또니경제교육의 서면동의를 받아야 합니다.